SUZANNE

OU

L'AFFECTION DOMESTIQUE

COMEDIE EN UN ACTE

Composée pour la Distribution des Prix

Et les Récréations littéraires

DANS LES PENSIONNATS DE DEMOISELLES

PAR H. A.

——◦⋄⋈⋄◦——

PRIX : 60 CENTIMES

——◦⋄⋈⋄◦——

LYON

GIRARD ET JOSSERAND, IMPRIMEURS-LIBRAIRES

Place Bellecour, 4

1856

SUZANNE

ou

L'AFFECTION DOMESTIQUE

COMÉDIE EN UN ACTE

COMPOSÉE POUR LA DISTRIBUTION DES PRIX

Et les Récréations littéraires

DANS LES PENSIONNATS DE DEMOISELLES

PAR H. A.

—◦◦❦◦◦—

PRIX : 60 CENTIMES

—◦◦❦◦◦—

LYON

GIRARD ET JOSSERAND, IMPRIMEURS-LIBRAIRES

Place Bellecour, 4

——

1856

PERSONNAGES.

HÉLÈNE DE SAINT-FIRMIN, jeune orpheline ruinée.
SUZANNE, ancienne domestique de Mme de Saint-Firmin.
Mme la marquise DE LESTANGE, amie de pension d'Hélène.
Mme DARSIN, ancienne maîtresse de pension d'Hélène.
Mme DURAND, propriétaire de la maison.
Mme GERVAIS, marchande.
La Portière de la maison.

La scène se passe dans les appartements d'Hélène.

Les indications sont prises de l'intérieur de la salle. —
L'actrice la première inscrite est à la droite du spectateur.

C.

SUZANNE

ou

L'AFFECTION DOMESTIQUE

COMÉDIE EN UN ACTE.

Le théâtre représente une chambre très-simplement meublée. Une table sur la droite, une commode au fond, quelques chaises. Porte au fond porte à gauche. — On entend sonner neuf heures.

SCÈNE I.

SUZANNE, *achevant de mettre la chambre en ordre.*

Neuf heures ! mam'zelle Hélène va me gronder de ce que je la laisse dormir si tard ; mais n'y a pas de risque que j'aille la réveiller. Pauvre mam'zelle Hélène !... Quand je pense qu'hier, à minuit, elle travaillait encore ! Ah ! t'y possible ! en être réduite là !... travailler comme une ouvrière quand on a eu des châteaux et qu'on s'appelle de Saint-Firmin ! être née si riche, et se voir si pauvre maintenant ! Chère petite ! obligée pour vivre de vendre un à un tous les diamants de sa mère ! C'est ça qu'est douloureux ! Heureusement que la vieille Suzanne était là ; et les diamants, au lieu d'être vendus... Enfin, il suffit. Jusqu'à présent ça a bien été, mam'zelle Hélène ne se doute de rien (*Pause.*); mais voyons, pendant que je suis seule, examinons un peu l'état de nos finances. (*Elle ouvre un tiroir d'où elle tire un bourse qu'elle vide sur la table près de laquelle elle s'est assise.*) Miséricorde ! que devenir? Cinq gros sous ! que faire avec ça? n'y a pas de quoi vivre aujourd'hui ! Et que dire à mam'zelle Hélène, quand elle va me demander... (*Elle réfléchit.*) Mais, j'y pense, je dois encore avoir quelque argent chez mon notaire, quoiqu'il m'ait dit la dernière fois que mon boursicot touchait à sa fin. Il faut que j'aille le voir. (*Elle se lève.*) Mais en attendant ne prenons pas un air peiné ; que mam'zelle Hélène n'aille pas me regarder. Je crois que je l'entends.

SCÈNE II.

SUZANNE, HÉLÈNE, *les yeux rouges et gonflés.*

SUZANNE.

Bien le bonjour, mam'zelle Hélène; comment avez-vous passé la nuit?

HÉLÈNE.

Mais comme d'ordinaire; je te remercie.

SUZANNE.

Comme d'ordinaire, c'est-à-dire fort mal... Vous n'avez pas dormi du tout... cela se voit assez à vos yeux, d'ailleurs... Mais aussi, dire qu'à minuit vous étiez encore à l'ouvrage ! C'est ça qui vous fatigue et vous empêche d'avoir du sommeil. Ah ! si j'étais la maîtresse ici !..

HÉLÈNE, *souriant tristement.*

Eh bien ! que ferais-tu, ma bonne Suzanne?

SUZANNE.

Je vous défendrais de tant travailler d'abord, parce que vous n'avez pas une santé à pouvoir faire de ces choses-là, et puis de veiller surtout.

HÉLÈNE.

Que veux-tu? ne sommes-nous pas à bout de ressources? ne faut-il pas que désormais mon travail puisse suppléer à la fortune qui me manque? C'est la nécessité qui stimule mon courage.

SUZANNE.

Je ne dis pas; mais si vous attendiez au moins d'être mieux rétablie, un peu plus forte... Que ce serait bien pire si vous alliez retomber malade! Pensez donc qu'y n'y a guère plus d'un mois que vous étiez encore au lit.

HÉLÈNE.

Tu as raison, ma bonne Suzanne, j'ai besoin de ma santé; je te promets de me ménager davantage; je ne veillerai plus.

SUZANNE.

Ne faut-il pas que je sorte pour aller aux provisions, mam'zelle?

HÉLÈNE.

Il faut avant aller chez Mme Gervais lui rendre cette robe que tu m'as apportée.

SUZANNE.

Comment! déjà brodée? depuis huit jours seulement, et tant d'ouvrage!

HÉLÈNE.

C'est pour la terminer hier soir que j'ai pris sur mon sommeil; je pensais que nous n'avions peut-être pas seulement l'argent nécessaire pour vivre aujourd'hui, et que celui-ci....

1.

SUZANNE.

Ah bah ! mam'zelle, que nous ne sommes pas si justes ; ça me fâche quand je vois que vous vous inquiétez comme ça ; enfin, je vais toujours porter la robe.

HÉLÈNE.

Tu la trouveras toute pliée sur ma table. Ecoute : si, comme je l'espère, Mme Gervais est satisfaite de mon ouvrage, tu la prieras de bien vouloir m'en confier d'autre. Tu lui diras que j'y mettrai la même application, la même exactitude.

SUZANNE.

Bien, bien, mam'zelle ; reposez-vous sur moi, j'y saurai dire assez. (*Elle sort.*)

SCÈNE III.

HÉLÈNE, *seule en suivant Suzanne des yeux.*

Cette bonne Suzanne ! avec quel zèle elle prend mes intérêts avec quel dévouement elle me sert ! (*Elle vient s'asseoir sur le devant du théâtre.*) Excellente femme ! que ne lui dois-je pas depuis la mort de ma pauvre mère, depuis que ma fortune en s'écroulant a fait le vide autour de moi !... Quand je me plaignais d'être seule au monde, isolée, sans amis, elle me répondait : Et votre Suzanne, mam'zelle, vous l'oubliez donc ? ne sera-t-elle pas toujours là pour vous aimer et vous servir ? Elle est restée près de moi, en effet, quoiqu'elle me sût sans moyens de reconnaître son dévouement. (*Pause.*) Mais si je l'eusse écoutée, ne mettait-elle pas à mon service ses propres épargnes, le fruit de ses économies! « Prenez donc, mam'zelle Hélène, me disait-elle; vous savez bien que ça vous appartient. » Digne femme! mais j'ai refusé; j'ai préféré vendre jusqu'au dernier débris de notre ancienne opulence. Et maintenant... le travail, un travail de tous les jours, s'il le faut, suffira, je l'espère, pour nous sauver de la misère... Mais on frappe. (*Elle se lève et va ouvrir.*)

SCÈNE IV.

HÉLÈNE, Mme DORSIN.

HÉLÈNE.

Ah! c'est vous, ma chère madame Dorsin?

Mme DORSIN.

Moi-même, Hélène. (*Elles s'avancent sur la scène.*) Je venais savoir de vos nouvelles, et puis aussi des nouvelles de votre procès; y a-t-il du nouveau?

HÉLÈNE.

Non, pas encore. On attend, pour terminer les débats, l'arrivée de l'héritier de M. de Méricourt, dont je crois vous avoir appris la mort soudaine.

Mme DORSIN.

Oui, je sais, une attaque. Mais au moins si ce nouvel adversaire pouvait être plus traitable, plus humain que l'autre? s'il voulait accepter un accommodement? Bien, que cela fût une perte pour vous, au moins rentreriez-vous de suite en possession de votre fortune; au lieu qu'avec ces interminables contestations...

HÉLÈNE.

Elles n'ont que trop duré, il est vrai; et s'il ne dépendait que de moi... Mais mon avocat est d'un avis contraire, il ne veut rien céder; mes droits lui semblent si clairement établis, qu'il n'a pas le moindre doute sur l'issue favorable de cette affaire.

Mme DORSIN.

Dieu veuille alors que le jugement du tribunal confirme ses prévisions! Ah! mais, à propos d'avocat et de procès, devinez donc, Hélène, la singulière rencontre que j'ai faite hier. J'oubliais de vous en parler. C'est une de vos anciennes compagnes, une amie de pension, blonde, jolie. Allons, y êtes-vous?

HÉLÈNE, souriant.

Hé! mon Dieu non! que je n'y suis pas. Comment voulez-vous qu'avec de telles indications on puisse deviner? J'avais tant d'amies à la pension! et sans compter que votre pensionnat, madame, ne manquait ni d'élèves blondes, ni d'élèves jolies.

Mme DORSIN.

Attendez donc alors, je vais joindre au passeport le signalement moral de la personne : caractère enjoué, humeur assez capricieuse, âme naïve et confiante, tête folle, mais excellent cœur.

HÉLÈNE, riant.

En voilà plus qu'il ne faut, j'y suis maintenant. C'est Adèle de Bourmont.

Mme DORSIN.

Juste! mais Adèle de Bourmont mariée... à un colonel encore ! et devenue marquise de... de... Ah ! mon Dieu, le nom m'échappe ; mais vous l'apprendrez d'Adèle elle-même, car elle doit venir vous voir.

HÉLÈNE, *d'un ton de reproche.*

Vous lui avez donc donné mon adresse, malgré...

Mme DORSIN, *souriant.*

Malgré votre défense, n'est-ce pas ? Mais vous me pardonnerez, ma chère Hélène, quand vous saurez avec quel empressement, quel intérêt cette pauvre Adèle s'est informée de vous. Quoique j'aie été la première à vous approuver dans vos idées de retraite, j'aurais cru néanmoins me rendre coupable à vos yeux en vous privant de revoir une amie... Je crois qu'Adèle est sincèrement la vôtre.

HÉLÈNE, *prenant les mains de Mme Dorsin.*

Vous avez bien fait, madame, je vous en remercie ; excusez un premier mouvement d'orgueil, Adèle ne m'avait connue que dans l'opulence...

Mme DORSIN.

Son cœur saura vous apprécier dans l'infortune. D'ailleurs, son mari a une très-haute position dans le monde. Qui sait s'il ne pourrait pas vous être de quelque utilité pour votre affaire ? Une puissante protection peut être nécessaire à la meilleure des causes ; j'y ai pensé.

HÉLÈNE, *avec sentiment.*

Comme vous vous préoccupez de moi, de ce qui me concerne, ma chère madame ! mais aussi comme mon affection est reconnaissante de la vôtre ! car je sais que vous m'aimez, vous, véritablement, n'est-ce pas ?

Mme DORSIN, *avec émotion.*

Hélène, quand je ne vous aurais pas élevée, quand je ne me serais pas attachée à vous par l'appréciation de vos qualités, je vous aurais aimée encore, en songeant que vous êtes la fille de la plus sainte des femmes, de la meilleure de mes amies !

HÉLÈNE, *lui baisant les mains.*

Que vous me rendez heureuse en me parlant ainsi ! Mais puisque vous avez nommé ma mère, laissez-moi vous montrer l'ébauche que j'ai faite de ses traits chéris ; hélas ! il ne m'en reste plus que le souvenir. Venez. (*Elles sortent toutes les deux par la porte à gauche.*)

SCÈNE V.

SUZANNE, *rentrant par la porte du fond ; elle se laisse tomber sur une chaise.*

Ouf ! asseyons-nous, que j'en suis tout essoufflée, à force d'avoir couru, et pour rien encore ! C'est au diable chez cette Mme Gervais. Une heure pour y arriver, et puis, quand je suis là, madame n'y est pas, elle vient de sortir. « Laissez l'ouvrage et repassez demain, » que me disent des péronnelles, en prenant de grands airs d'importance. Je crois, Dieu me pardonne, que j'allais les souffleter, si je n'avais pris sur moi de tourner les talons. Puis de là chez mon notaire, à l'autre extrémité de Paris ! Enfin me voilà. Il s'agit maintenant de composer un petit mensonge. Ah ! j'en ai fait de ces mensonges ! Heureusement que le bon Dieu ne compte pas ceux-là comme péchés.

SCÈNE VI.

SUZANNE, HÉLÈNE, *rentrant par la porte de gauche.*

HÉLÈNE.

Ah ! te voilà de retour, Suzanne ; et puis ?

SUZANNE.

Et puis tout va bien, mam'zelle ; on a regardé la robe, qu'on a dit que c'était une perfection, et l'on m'a payée, comme de juste. Voilà ce que j'ai reçu. (*Elle lui donne plusieurs écus.*) N'est-ce pas ce que vous aviez dit ?

HÉLÈNE, *comptant la somme.*

Oui, trente francs, c'était le prix convenu ; et rapportes-tu de l'ouvrage ?

SUZANNE.

Demain, mam'zelle, je pense qu'y en aura. Pour aujourd'hui la dame était trop pressée ; j'en ai été bien aise, ça fait qu'au moins ça vous reposera un jour.

HÉLÈNE.

Il ne me reste qu'à te remercier de ton obligeance, ma bonne, Suzanne ; je suis plus contente. Nous voici à l'abri du besoin pour quelques jours, et d'ici là je travaillerai encore. Tiens, mets cet argent quelque part. Je vais à ma chambre ; si l'on vient..

SUZANNE.

Bien, mam'zelle, je suis là pour répondre. (*Hélène sort.*)

SCÈNE VII.

Mme LA MARQUISE DE LESTANGE, SUZANNE.

SUZANNE.

Bien le bonjour, mam'zelle Adèle.

Mme DE LESTANGE.

Bonjour, Suzanne ; je vois avec plaisir que tu te souviens de tes anciennes connaissances.

SUZANNE.

Oh! il n'y a pas de risque que j'oublie de si tôt les amies de mam'zelle Hélène.

Mme DE LESTANGE.

A la bonne heure, Suzanne, voilà qui est bien parler ; mais cours prévenir la maîtresse de mon arrivée. (*Suzanne sort à gauche.*)

SCÈNE VIII.

Mme DE LESTANGE, *seule, promenant ses regards dans la chambre.*

Quelle simplicité! quel contraste avec l'ancienne demeure d'Hélène! Cet hôtel de Saint-Firmin si somptueusement décoré! Mme Dorsin m'avait bien prévenue, et néanmoins, je l'avoue, je ne puis me défendre d'un pénible sentiment de surprise... Mais j'entends Hélène.

SCÈNE IX.

Mᵐᵉ DE LESTANGE, HÉLÈNE, *accourant.*

Mᵐᵉ DE LESTANGE, *sautant au cou d'Hélène.*

Hélène !

HÉLÈNE, *avec émotion.*

Adèle !

Mᵐᵉ DE LESTANGE.

Ma bonne amie, combien je te remercie de m'avoir laissée venir chez toi! Je sais que tu as fait une exception en ma faveur.

HÉLÈNE.

Tu le méritais bien ; c'eût été d'ailleurs me priver d'un véritable plaisir. Ainsi te voilà à Paris, ma chère Adèle ?

Mᵐᵉ DE LESTANGE.

Depuis deux jours seulement. J'y ai accompagné mon mari.

HÉLÈNE.

Oui, je sais que tu es mariée, femme d'un colonel, et heureuse sans doute ?

Mᵐᵉ DE LESTANGE, *riant.*

Ah ! je voudrais bien voir qu'il n'en fût pas ainsi !

HÉLÈNE.

Et vous faites un voyage d'agrément ?

Mᵐᵉ DE LESTANGE.

Non, pas du tout ! un voyage d'affaires, et des plus ennuyeuses encore !

HÉLÈNE.

Vraiment?

Mme DE LESTANGE.

Oui, un procès dont mon mari est fort occupé, et qui va se juger prochainement. Mais, à propos de procès, Mme Dorsin m'a dit que tu en avais aussi un sur les bras.

HÉLÈNE.

C'est vrai ; et de ce procès dépend toute ma fortune et tout mon avenir. C'est dire avec quelle impatience j'en attends le résultat.

Mme DE LESTANGE.

Je désire de tout mon cœur qu'il soit heureux. Je voudrais voir ta réussite aussi assurée que la nôtre.

HÉLÈNE, *avec étonnement.*

Assurée ?

Mme DE LESTANGE.

Sans doute ; nos hommes de loi prétendent que notre cause est gagnée d'avance.

HÉLÈNE.

Mon avocat m'en dit autant de la mienne ; et pourtant j'avoue que je ne suis pas sans appréhensions.

Mme DE LESTANGE.

Oh ! que je te plains, ma pauvre Hélène, d'être forcément obligée de t'occuper de ces horribles grimoires ! C'est à vous donner des vapeurs. Quant à moi, je me trouve fort heureuse de pouvoir laisser cet ennui à M. de Lestange.

HÉLÈNE, *faisant un mouvement de surprise.*

Que dis-tu ? M. de Lestange ! Mais ce nom...

Mme DE LESTANGE, *riant.*

Ce nom ? est-ce qu'il te déplairait, par hasard ? J'en serais vraiment désolée, car c'est le mien maintenant.

HÉLÈNE, *troublée.*

Toi, madame de Lestange? Et ton mari? ce procès? (*A part.*) Quelle fatale coïncidence !

Mᵐᵉ DE LESTANGE, *riant toujours.*

Mais qu'as-tu donc donc à t'exclamer ainsi? En vérité, je ne te comprends pas.

HÉLÈNE, *émue.*

Et moi, je tremble de m'expliquer, Adèle ; car j'entrevois.. je devine... (*Cherchant à se remettre.*) Connais-tu la partie adverse de ton mari?

Mᵐᵉ DE LESTANGE.

Drôle de question. quand je t'ai dit que je ne me mêlais pas de ces affaires-là! Hé! que m'importe, d'ailleurs? Pourvu que M. de Lestange gagne son procès, qu'ai-je besoin de savoir contre qui il plaide?

HÉLÈNE, *avec effort.*

Il faut pourtant que tu l'apprennes, Adèle... c'est contre moi...

Mᵐᵉ DE LESTANGE, *avec emportement.*

Juste ciel! qu'est-ce que j'entends? Mais je ne le puis croire, Hélène.

HÉLÈNE, *avec amertume.*

C'est, en effet, un jeu méchant du hasard, mais il n'en contient pas moins la vérité. Je puis d'ailleurs t'en fournir une preuve · M. de Lestange n'est-il pas l'héritier de M. de Méricourt?

Mᵐᵉ DE LESTANGE, *avec confusion.*

Oui, c'est vrai, je ne puis le nier.

HÉLÈNE.

M. de Méricourt était mon adversaire avant que ton mari le fût devenu.

Mᵐᵉ DE LESTANGE, *avec chagrin.*

Est-il possible ! Et moi qui m'étais tant réjouie de cet héritage ! Oh ! si j'avais su ! (*Elle réfléchit un moment.*) Mais il est temps encore ; peut-être tout n'est-il pas perdu. Essayons du moins. (*A Hélène.*) Ma bonne Hélène, crois à mon désespoir, reste assurée de notre affection, et pardonne-nous le mal que nous t'avons fait sans te connaître. Adieu. Si Dieu m'exauce, je ne tarderai pas à revenir !

HÉLÈNE, *lui serrant la main.*

Que nos cœurs demeurent unis, si nos intérêts nous séparent, Adèle. Je te verrai toujours avec plaisir ; car tu me seras toujours chère, quoi qu'il arrive. (*Mᵐᵉ de Lestange sort par la porte du fond.*)

SCÈNE X.

HÉLÈNE, Mᵐᵉ DURAND.

Mᵐᵉ DURAND. (*Elle entre par la porte que Mᵐᵉ de Lestange vient d'ouvrir.*)

Je vous souhaite le bonjour, mademoiselle. Je viens m'informer de vos nouvelles, de votre santé. Je pensais que vous étiez malade peut-être, ne vous ayant pas vue ces jours-ci.

HÉLÈNE.

Je sors très-peu, madame.

Mᵐᵉ DURAND, *à part.*

Elle ne comprend pas ! (*Haut.*) Oh ! je sais bien, mais je comptais sur votre visite la semaine dernière, et comme vous n'êtes pas venue, j'ai pris le parti de venir moi-même, maintenant que la Saint-Jean est passée et que mes loyers...

HÉLÈNE, *troublée.*

Oh! madame, vous me faites songer... Pardon mille fois de cet oubli, mais aujourd'hui même il sera réparé. J'enverrai ma domestique vous porter la somme.

Mᵐᵉ DURAND, *d'un air de bonhomie.*

C'est pas la peine de la faire descendre pour ça, mademoiselle; je vais l'emporter, si vous voulez. J'ai la quittance sur moi.

HÉLÈNE, *embarrassée.*

Mais, madame... Non, je préfère... si cela vous est égal? Je vous dis, d'ailleurs, qu'aujourd'hui sans manquer...

Mᵐᵉ DURAND, *à part.*

Je vois ce que ça veut dire, la petite ne m'attendait pas. (*Haut, avec une politesse affectée.*) C'est bien, mademoiselle, je m'en rapporte parfaitement; mais je compte dessus, voyez-vous. Autrement je ne pourrais pas... je serais forcée... vous comprenez ma position?

HÉLÈNE, *avec dignité.*

Elle n'a rien qui doive vous alarmer à mon sujet, madame, je vous le répète; et puisqu'il faut m'expliquer clairement, dans deux heures vous serez payée.

Mᵐᵉ DURAND, *avec vivacité.*

Bien, bien, mademoiselle; ça me suffit. (*D'un ton mielleux.*) D'ailleurs, je n'avais pas la moindre crainte; je vous ai en trop bonne opinion, en trop parfaite estime... (*Elle fait quelques pas pour s'en aller, et se retournant.*) Dans deux heures, n'est-ce pas? (*Hélène fait un signe affirmatif; Mᵐᵉ Durand sort.*)

SCÈNE XI.

HÉLÈNE, seule.

O mon Dieu! Et que faire? Ces trente francs que Suzanne m'a rapportés forment à peine la moitié de ce qu'il me faut donner aujourd'hui, dans deux heures! Si j'avais demandé un délai à cette femme? Oh! c'eût été inutile, je ne l'aurais pas obtenu; cette humiliation ne m'aurait sauvée de rien. Voyons plutôt ce que me dira Suzanne; cette vieille gouvernante est une amie pour moi. Ne partage-t-elle pas mon existence? Je puis bien lui confier mon embarras. (*Elle va vers la porte à gauche et appelle.*) Suzanne!

SCÈNE XII.

HÉLÈNE, SUZANNE, *accourant.*

SUZANNE.

Me voici, mam'zelle (*La regardant.*) Mais qu'y a-t-il donc de nouveau? Vous avez l'air toute chagrinée.

HÉLÈNE, *tristement.*

C'est que je le suis en effet beaucoup, ma pauvre Suzanne. Je me trouve dans un embarras auquel nous n'avions songé ni l'une ni l'autre. Mme Durand sort d'ici.

SUZANNE, *consternée.*

Mme Durand, la propriétaire! Et, de fait, je n'y avais pas songé, comme vous dites. (*Avec humeur.*) Mais elle ne pouvait donc pas attendre qu'on le lui portât, son loyer?... Cette vieille Durand! venir comme ça chez les gens sans les prévenir! (*Elle hausse les épaules.*)

HÉLÈNE.

On ne peut rien dire, Suzanne; cette femme est dans son droit, le terme est passé d'une semaine.

SUZANNE, *de mauvaise humeur.*

Eh bien! quand elle en aurait encore attendu une seconde, serait-elle morte de faim pour tout ça? Vous avez beau l'excuser, mam'zelle, ce procédé n'est pas bien. Faut pourtant avoir des égards pour les gens comme il faut, que diable!

HÉLÈNE, *ne pouvant s'empêcher de sourire.*

Tu oublies, ma pauvre Suzanne; que nous n'avons pas un extérieur d'ameublement qui puisse imposer beaucoup, ni inspirer grande confiance. Mais enfin l'essentiel est d'aviser aux moyens que nous pourrons employer. J'ai promis à Mme Durand qu'elle serait payée aujourd'hui; je n'ai pas voulu lui demander un délai.

SUZANNE, *vivement.*

Et vous avez bien fait. On la paiera, on la paiera tout de suite, au contraire; faut pas qu'elle se doute...

HÉLÈNE.

Oui; mais où trouver les soixante-cinq francs qu'il me faut? Je n'en ai que la moitié, tu le sais.

SUZANNE, *un peu embarrassée.*

On tâchera bien de trouver l'autre. (*Pause.*) Si seulement ce n'était pas si pressé! Voyons, laissez-moi chercher dans ma tête; peut-être que le bon Dieu m'inspirera. (*Elle réfléchit.*) Ah! une idée! Je savais bien que ça viendrait!

HÉLÈNE, *souriant.*

Qu'as-tu donc trouvé?

SUZANNE.

Laissez-moi faire; j'ai ce qu'il nous faut. (*D'un air impor-*

tant.) Je sors, et dans demi-heure je suis là avec l'argent.
(*Elle fait un mouvement pour sortir.*)

HÉLÈNE, la retenant.

Mais penses-tu que je te laisse partir sans connaître au
moins tes projets?

SUZANNE.

Eh bien! je vais vous y dire, mam'zelle, mais à la condition
que vous me laisserez faire à ma guise. C'est-y entendu?

HÉLÈNE.

Explique-toi donc, alors.

SUZANNE, dissimulant son embarras.

V'là ce que c'est, mam'zelle. Je me suis dit qu'avec de l'or
on pouvait bien avoir de l'argent, et comme (*Hésitant.*) j'ai là,
à mon cou, un objet qui ne va guère bien sur une vieille peau
toute ridée, je pensais qu'en le vendant...

HÉLÈNE, vivement.

Y penses-tu? ton cœur d'or! ton présent de noces!...

SUZANNE, en réprimant un soupir.

Eh bien! oui, que c'était mon brave mari qui me l'avait
donné le jour de mon mariage, et que je ne m'en serais pas
séparée pour tout au monde. Mais pour vous, mam'zelle!...
Que je suis bien sûre que mon homme serait le premier à me
dire de le faire, s'il était encore là. Ah! c'est qu'il aimait fiè-
rement la famille, lui aussi! Sans cela, est-ce que je l'aurais
épousé? Ainsi v'là qu'est décidé, je m'en vais chez l'orfè-
vre, et...

HÉLÈNE, l'interrompant.

Non, Suzanne, non. Je conçois ton généreux projet, mais
je ne souffrirai pas que tu l'accomplisses. J'aurai plutôt re-
cours à tout autre moyen. (*Moment de réflexion.*) Mais tu me
fais penser... moi aussi je possède un objet précieux, un bijou

que je vénère comme une sainte relique, et dont néanmoins
je n'hésiterai pas à faire le sacrifice plutôt que d'accepter le
tien. *(Elle sort de son cou une croix attachée par un ruban.)*
Tiens, Suzanne, puisqu'il le faut ! prends cette croix, et va
(Elle étouffe un soupir.) où tu voulais aller tout à l'heure.

SUZANNE, *repoussant la croix.*

Jésus ! que me proposez-vous, mam'zelle ! que j'aille vendre
votre croix, votre relique, comme vous l'appelez? Je croirais
ben commettre un sacrilége, et vous-même...

HÉLÈNE, *dissimulant son émotion.*

Ne cherche pas à m'ébranler, Suzanne ; je souffre assez,
crois-moi... n'avais-je pas promis à ma mère de mourir avant
de me séparer de ce gage sacré? Elle voit ce qu'il m'en coûte
pour trahir ma promesse. *(Elle s'arrête.)* Si je pouvais trouver autre chose? mais rien, je n'ai plus rien, j'ai tout vendu...
il ne me reste absolument que ce bijou. *(Avec effort.)* Prends-
le donc, Suzanne, et pars, pars vite, car je crains que le courage ne me manque. *(Voyant que Suzanne ne bouge pas.)*
Obéis-moi, je le veux !

SUZANNE, *à part.*

Faisons semblant. *(Haut.)* Oui, oui, mam'zelle, ne vous fâ-
chez pas, j'y vais à l'instant; puisque vous le voulez, tout
est dit. *(Elle sort par la porte du fond.)*

SCÈNE XIII.

HÉLÈNE, *suivant des yeux Suzanne.*

Elle est partie ! et moi je reste inquiète, tourmentée... j'ai
presque du remords... ma croix ! ma croix bénie, consacrée
par le souvenir de ma mère ! je l'ai donnée pour la vendre !...

(*Avec désespoir.*) Ah ! j'ai eu tort, j'ai mal fait ; je devais plutôt, oui, je devais me jeter aux genoux de cette femme, lui avouer ma misère, implorer sa pitié, faire un appel à son cœur... Peut-être alors se fût-elle laissée attendrir... peut-être eût-elle consenti .. (*Elle s'arrête, puis reprend avec un mouvement de fierté.*) Mais quoi ! la noble fille des comtes de Saint-Firmin se serait abaissée jusqu'à mendier la compassion d'une étrangère ? Elle se fût exposée à un refus humiliant ? Oh ! non, non, cela ne se pouvait pas. Le sang qui coule dans ses veines eût reflué jusqu'à son cœur pour l'étouffer de honte. Elle eût craint d'être reniée par sa mère ! (*Pause d'un moment.*) Oui, malgré ce qu'il m'en a coûté, j'ai dû faire ce que j'ai fait. Je pleure... mais du moins je n'ai pas à rougir. (*On frappe.*)

SCÈNE XIV.

HÉLÈNE, *allant ouvrir ;* Mme GERVAIS, *entrant.*

HÉLÈNE, *étonnée.*

C'est vous, madame Gervais ?

Mme GERVAIS.

Oui, mademoiselle. Je n'étais pas à la maison ce matin lorsqu'on a rendu votre robe, et j'étais bien aise de vous faire à ce sujet quelques observations.

HÉLÈNE, *confuse.*

Je croyais, au contraire, madame, que vous aviez été contente.

Mme GERVAIS.

Ni contente, ni mécontente, puisque je n'y étais pas, je vous le répète ; ce sont mes ouvrières qui ont répondu. D'ailleurs, je ne me plains pas de la broderie ; elle serait parfaite si la fin répondait au commencement; mais cette perfection n'est pas soutenue, les dernières fleurs se ressentent d'un travail forcé. J'aurais mieux aimé attendre un jour ou deux de plus, ce n'était pas pressé; nos dames sont si difficiles à présent!

HÉLÈNE, *timidement*

Vos observations ne seront pas perdues, madame, j'en ferai mon profit.

Mme GERVAIS.

Voici maintenant deux cols qu'il me faut dans la quinzaine seulement. Ils sont très-compliqués et demandent beaucoup de perfection. Je vous les recommande spécialement.

HÉLÈNE.

J'y mettrai tous mes soins, madame.

Mme GERVAIS.

Maintenant, puisque je suis là, réglons pour la robe. C'est trente francs, nous avons dit?

HÉLÈNE, *surprise.*

Mais, madame, la robe a été payée ce matin.

Mme GERVAIS.

Payée! et par qui?

HÉLÈNE.

Je croyais que c'était par vous, madame; mais apparemment que c'est une de vos ouvrières, celle qui a reçu la robe.

Mme GERVAIS.

Non pas, assurément; elle ne se serait pas permis cela; d'ailleurs j'avais la clef sur moi.

HÉLÈNE.

Alors, madame... je ne puis m'expliquer; et pourtant!...

Mᵐᵉ GERVAIS.

C'est sans doute quelque malentendu entre vous et votre commissionnaire. Je suis sûre de ce que je fais. (*Elle fait quelques pas.*) Toujours, je vous recommande mes broderies, mademoiselle.

HÉLÈNE.

Oui, madame; mais cet argent?

Mᵐᵉ GERVAIS.

Je vous le laisse; c'est le vôtre. Vous m'enverrez mes cols dès qu'ils seront faits, n'est-ce pas? (*Elle sort.*)

SCÈNE XV.

HÉLÈNE, *préoccupée, revenant sur le devant du théâtre.*

Que signifie tout ceci? Évidemment Suzanne m'a trompée ce matin au sujet de Mᵐᵉ Gervais. Et dans quel but? Et d'ailleurs, cet argent, où se l'est-elle procuré? Je me perds en conjectures.

SCÈNE XVI.

HÉLÈNE, LA PORTIÈRE, *entrant par la porte restée entr'ouverte.*

LA PORTIÈRE.

Pardon, mam'zelle; n'est-ce pas ici que demeure une nommée Suzanne?

HÉLÈNE, *se retournant.*

Précisément.

LA PORTIÈRE, *remettant une lettre.*

V'là qu'est pour elle, je crois. On vient de l'apporter, un jeune homme tout noir et maigre, une espèce de commis.

HÉLÈNE, *prenant la lettre.*

C'est bien, je la lui remettrai. (*La portière sort.*)

SCÈNE XVII.

HÉLÈNE, *regardant la lettre.*

Une lettre pour Suzanne, apportée par un commissionnaire! Quelque mort de parent, peut-être? Si je savais cela? Mais qu'ai-je à craindre? Suzanne n'a point de secrets avec moi; je puis en toute sécurité prendre connaissance de ce que contient cette missive. (*Elle décachète la lettre.*) De qui est-elle d'abord? (*Elle regarde.*) Du notaire! Cela devient sérieux. Que lui dit-il donc?(*Elle lit à demi-voix.*) « D'après la vérification que vous m'avez demandée, il s'ensuit que les sommes reçues par vous en différentes fois, y compris les trente francs de ce matin, égalent à peu près le capital que j'avais à vous. Je désire donc que vous passiez au plus tôt à mon étude pour terminer définitivement. Votre serviteur. » Que signifie ceci? Suzanne aurait donc retiré, sans me demander conseil, sans me le dire seulement, l'argent qu'elle avait chez son notaire? Pour l'envoyer à quelque parent pauvre, peut-être? Je ne lui en connais pourtant point qui soit dans le besoin; et puis encore, pourquoi m'en faire un secret ? Elle, si confiante avec moi ! Non, ce n'est pas cela. (*Elle réfléchit, puis tout à coup se frappant le front.*) Mon Dieu ! quel soupçon se présente à moi ! Ces trente francs de ce matin ! Ce notaire en parle. C'est donc chez lui ? Ah ! je commence à tout entrevoir ! Mais cette femme, serait-il donc possible qu'elle eût poussé jusque là l'excès de son dévouement, de sa généreuse abnégation ? Je le saurai. Il faut que ce mystère s'éclaircisse... Mais je crois entendre Suzanne ; passons dans ma chambre un instant ; que mon trouble ne lui laisse rien deviner. (*Elle entre dans sa chambre.*)

SCÈNE XVIII.

SUZANNE, *entrant par la porte du fond.*

Ah ! v'là qu'est fait ; c'est ben heureux, que j'en avais le cœur si gros que ma foi, si ce n'avait pas été pour mam'zelle Hélène, jamais je n'avais le courage d'aller jusqu'au bout. Dire qu'après avoir gardé trente ans avec moi ce souvenir de mon pauvre homme, il a fallu m'en séparer ! (*Elle essuie une larme.*) C'est dur tout de même. Ah ! si j'avais eu encore quelques sous chez mon notaire ! Mais je vois bien que c'est tout fini, d'après ce qu'il m'a dit ce matin en me donnant ces trente francs, que je vais lui redevoir peut-être. Enfin tout ça c'est pour mam'zelle Hélène. Je ne le regrette pas, et si c'était à recommencer, je recommencerais de même. Toujours, je m'en vas mettre sa croix dans la cassette avec le reste ; ça fait qu'elle y trouvera tout à la fois, si je viens à mourir. (*Elle va vers une commode dont elle ouvre un tiroir dans lequel est la cassette où elle met la croix, puis elle referme le tiroir dont elle reprend la clef.*) Maintenant mam'zelle peut venir.

SCÈNE XIX.

SUZANNE, HÉLÈNE, *sortant de sa chambre dont la porte est restée entr'ouverte.*

SUZANNE.

J'arrive à l'instant, mam'zelle; la commission est faite; j'ai votre argent, le voici.

HÉLÈNE, *repoussant l'argent avec un mouvement d'horreur.*
Je n'en veux point!

SUZANNE, *la regardant d'un air étonné.*

Mon Dieu! mam'zelle, qu'avez-vous donc? On vous dirait presque fâchée contre moi; avec ça que vous êtes blême et pâle comme un mort.

HÉLÈNE, *faisant effort.*

Suzanne! Suzanne! (*Elle chancelle; Suzanne accourt et la fait asseoir.*)

SUZANNE, *effrayée.*

Jésus! on dirait que vous allez vous pâmer. C'est l'ennui que vous vous êtes fait ce matin; mais consolez-vous, mam'zelle, ça ne peut pas toujours durer. Le bon Dieu finira bien par prendre pitié de nous. Mais que vouliez-vous me dire?

HÉLÈNE, *essuyant ses yeux.*

Ce que mon émotion, ce que mes larmes doivent te faire comprendre, Suzanne. Ne devines-tu pas que ton cœur vient

de se trahir lui-même et que j'ai surpris ton secret? Je sais
tout maintenant, car j'ai tout entendu...

SUZANNE, *interdite.*

Hé! mais, mam'zelle, je ne vous comprends guère. (*Avec
plus de hardiesse.*) Que voulez-vous? après tout, je ne suis
qu'une bonne vieille servante, un peu bornée, mais qui vous
aime bien, en place, et qui donnerait jusqu'à son dernier verre
de sang pour vous.

HÉLÈNE, *se levant et avec exaltation.*

Oui, et comme tu n'as pas à me donner ton sang, tu me
donnes le fruit de tes sueurs, le produit de tes épargnes, tes
propres économies! Pour me sauver de la misère, tu ne crains
pas de t'y mettre, toi! Et plutôt que de me laisser dépouiller
de mes joyaux, tu te dépouilles pour moi du peu d'argent
que tu possèdes, de tout ce que tu as au monde!

SUZANNE, *baissant les yeux et balbutiant.*

Mais, mam'zelle... qui donc peut vous avoir dit?... Personne ne savait...

HÉLÈNE, *reprenant sur le même ton.*

Oui, ta délicatesse devait répondre à ta vertu. Mais c'est en
vain que tu voudrais nier la vérité, le hasard, ou plutôt la
Providence, me l'avait déjà fait découvrir avant que tes propres aveux vinssent confirmer mes soupçons. Avoue-le maintenant : depuis deux ans, et quand je ne croyais devoir ma
subsistance qu'au produit de ces bijoux que je t'envoyais
échanger contre de l'or, c'était le tien que tu m'apportais à
la place! Ce capital de deux mille francs qui composait ta fortune, à mon insu, tu l'as épuisé pour moi! Tu m'as forcée de
recevoir en détail cette somme que je t'avais refusée entière.

Et maintenant, maintenant que tu n'as plus d'argent à me sacrifier, tu me sacrifies tes affections... Ne viens-tu pas de renoncer au souvenir de ton mari pour me conserver celui de ma mère ? O Suzanne ! Suzanne ! de quel nom t'appeler !...

SUZANNE, *émue*.

Mon Dieu ! mam'zelle, puisque vous savez tout, pardonnez-moi donc si je me suis permis... C'était si naturel, après tout !

HÉLÈNE, *regardant Suzanne avec admiration*.

Sainte femme ! tu trouves tout naturel ce que d'autres appelleraient sublime !... L'héroïsme du dévouement ne te coûte rien, à toi : l'abnégation est dans ta nature ; mais laisse-moi donc au moins t'exprimer ma reconnaissance, mon admiration, mon respect. Suzanne ! je devrais être à tes genoux, car je ne suis plus ton égale... mais laisse-moi te serrer dans mes bras.

SUZANNE, *se jetant en pleurant de joie dans les bras d'Hélène*.

Mon Dieu ! mam'zelle, ne me dites donc pas de ces choses-là ! J'ai bien déjà assez d'orgueil de voir comme vous m'aimez ! Je ne demanderais pas autre chose au bon Dieu pour être contente, si ce n'était vous.

HÉLÈNE.

Va, Suzanne, je commence à espérer. Il est impossible que le ciel ne récompense pas, même dès à présent, une conduite aussi généreuse que la tienne ; c'est ta vertu qui le rendra propice à nos prières.

SCÈNE XX.

SUZANNE, Mᵐᵉ DE LESTANGE, HÉLÈNE.

Mᵐᵉ DE LESTANGE, *entrant d'un air joyeux.*

Bonne nouvelle, bonne nouvelle, Hélène !

HÉLÈNE, *se retournant.*

Comment ! c'est toi, Adèle ?

SUZANNE, *à part.*

Si mam'zelle Hélène pouvait avoir l'air aussi joyeux que ça, au moins !

Mᵐᵉ DE LESTANGE.

Oui, moi-même. Ne t'avais-je pas dit en partant : « Que Dieu m'exauce, Hélène, et je ne tarderai pas à revenir ? » Eh bien ! c'est une preuve que Dieu m'a exaucée.

HÉLÈNE, *étonnée.*

Mais je ne te comprends pas, ma chère Adèle ; que veux-tu dire ?

Mᵐᵉ DE LESTANGE.

Je veux dire, Hélène, que ton procès est gagné et que j'en ai la preuve entre mes mains... Me comprends-tu maintenant ?

SUZANNE.

Ah bah ! ce serait-il vrai ?

HÉLÈNE.

Pardonne à mon saisissement, Adèle ; mais comment voudrais-tu que je pusse m'expliquer ?...

Mᵐᵉ DE LESTANGE.

C'est moi qui vais me charger de l'explication, alors; heureusement que je l'ai apportée avec moi. (*Elle lui présente un papier.*) Tiens, lis et sois convaincue.

HÉLÈNE, *parcourant le papier.*

Que vois-je? le désistement de M. de Lestange? Serait-il possible?

Mᵐᵉ DE LESTANGE, *riant.*

Très-possible! Mon mari renonce à plaider contre la meilleure de mes amies, sous peine de me voir plaider contre lui.

SUZANNE, *à part.*

Est-elle gentille, cette petite Adèle! Mais qui aurait dit?... (*Haut.*) Ah çà! qu'est-ce donc que c'est que cette histoire?

HÉLÈNE, *souriant à* Mᵐᵉ *de Lestange.*

Cette pauvre Suzanne ignore encore ce que cela veut dire; mais moi qui le sais, Adèle, où trouver des paroles pour t'exprimer ce qui se passe en moi? Je suis émue, touchée, et je n'ai pas une parole! Ah! que ton cœur ne peut-il lire dans le mien? (*Elle la serre dans ses bras.*)

Mᵐᵉ DE LESTANGE, *attendrie et l'embrassant.*

C'est déjà fait, ma bonne Hélène; mais ne m'attendris pas ainsi, que je me sens prête à pleurer. (*Elle essuie ses yeux.*)

SUZANNE.

C'est ben le cas de rire, au contraire, puisque mam'zelle Hélène est contente!

HÉLÈNE.

Oui, ma bonne Suzanne, et tu le seras aussi, quand je l'aurai appris que ce malheureux procès qui nous causait tant d'angoisses à toutes deux est enfin terminé en ma faveur. J'ai gagné depuis aujourd'hui, grâce à ce généreux avocat (*Désignant Mme de Lestange.*) qui a plaidé ma cause contre la sienne même.

SUZANNE, *surprise.*

Un avocat, mam'zelle Adèle?...

HÉLÈNE, *souriant.*

Oui, oui, Adèle, c'est-à-dire Mme de Lestange.

SUZANNE, *ouvrant de grands yeux.*

Ah! comment! ce M. de Lestange, c'est le même, c'est le mari de mam'zelle Adèle?

ADÈLE, *riant.*

Ne t'en déplaise, Suzanne!

SUZANNE.

Hé! voyez donc, qui s'en serait douté? Mais alors... (*Elle réfléchit.*) Attendez donc, que je débrouille tout ça. Ah! c'est clair, j'y suis; c'est M. de Lestange qui...

HÉLÈNE.

Qui, à la prière d'Adèle, renonce à poursuivre contre moi; c'est cent mille francs qu'Adèle me cède.

Mme DE LESTANGE, *à Hélène.*

Ma bonne amie, ce n'est qu'une restitution; nous avions tort, j'en suis sûre.

SUZANNE, *éclatant de joie.*

Cent mille francs! ah! bon Jésus! nous voilà riches maintenant, riches quasi comme autrefois! Et dire que c'est à cette bonne mam'zelle Adèle (*Elle la regarde avec attendrissement.*) que nous devons tout ça! Cent mille francs! Ah! si j'osais!

Mais tenez, mam'zelle, laissez-moi vous embrasser, rien que les mains, (*Elle les lui prend avec effusion.*) là, pour vous remercier.

Mme DE LESTANGE, *riant de bon cœur.*

Bah! embrasse-moi tout à fait, Suzanne, je te le permets, et sur les deux joues, si tu veux.

SUZANNE, *lui donnant deux gros baisers.*

Vous permettez? Deux fois merci, mam'zelle; ça me rend deux fois plus contente. Mais voyez donc, quand on est vieux, la joie vous fait pleurer! (*Elle essuie une larme.*) Avec ça que j'en suis tout étourdie, de ce bonheur; il me semble que ce n'est pas pour tout de bon. Hé! mais, tenez, si ce n'était vous et mam'zelle Hélène qui me le disiez, je n'y pourrais quasi pas croire.

HÉLÈNE, *à Mme de Lestange.*

Et moi, chère Adèle, quoique bien convaincue, je t'avoue que je ne puis revenir de mon étonnement; non pas qu'il te concerne, je te savais généreuse et désintéressée. Mais le colonel, comment as-tu pu le décider?

Mme DE LESTANGE, *riant.*

Oh! cela, je me réserve de te le raconter pour te divertir. C'est une attaque dans toutes les règles de la stratégie. La place ne se rendant pas à la première sommation, il a fallu livrer plusieurs assauts, faire preuve de courage et de ténacité; mais enfin ma tactique m'a fait triompher des obstacles, et, à force de savantes manœuvres, l'ennemi a capitulé. On s'est rendu à discrétion, ma chère! A titre de vainqueur, j'ai imposé les conditions, comme tu penses, et tu vois qu'elles n'ont pas été favorables au vaincu, qui d'ailleurs s'est soumis de bonne grâce et en riant malgré lui.

HÉLÈNE.

Je reconnais bien là mon Adèle ! toujours adorable de mutinerie et de sentiment !

SUZANNE.

Et que j'aime de tout mon cœur, je suis bien aise de le lui dire, quoique je ne sois qu'une vieille domestique et que...

HÉLÈNE, *avec sentiment et vivacité.*

Une vieille domestique qui n'a pas craint de se sacrifier pour sa jeune maîtresse, comme elle eût fait pour son enfant ! (*Se tournant vers Mme de Lestange.*) Sais-tu, Adèle, ce que je dois à cette vieille domestique ? Depuis deux ans, c'est elle qui me loge, c'est elle qui me nourrit, c'est elle qui m'habille, c'est elle qui me fait vivre...

SUZANNE, *faisant signe à Hélène de se taire.*

Mam'zelle Hélène !...

Mme DE LESTANGE, *étonnée.*

Qui ? Suzanne ?

HÉLÈNE, *continuant sans écouter Suzanne.*

Oui, Suzanne, qui, pendant que son ingénieuse affection m'abusait chaque jour sous les plus spécieuses apparences, se dépouillait pour moi, à mon insu, de tout ce que lui avaient amassé de pénibles labeurs et de longues années de service. Adèle, quel cœur il y a dans cette femme !

Mme DE LESTANGE.

Bonne Suzanne ! Mais sais-tu que je me sens presque jalouse de toi ?

SUZANNE, *confuse et embarrassée.*

Oui, c'est bien mal à mam'zelle Hélène d'avoir comme ça tout raconté.

HÉLÈNE, *à Suzanne.*

Voudrais-tu donc que je fisse taire mon cœur par force, quand il ne peut s'empêcher de parler? Pourquoi me priver du plaisir de faire partager à une amie l'admiration que tu m'inspires?

SUZANNE, *contrariée.*

Pour Dieu! mam'zelle, n'y parlez donc pas de ça. C'est ben la peine, vraiment, ce que j'ai fait! Si c'était comme mam'zelle Adèle, à la bonne heure!

HÉLÈNE, *d'un ton peiné.*

Que dis-tu là, Suzanne? Ta générosité peut-elle envier quelque chose à celle de mon amie? N'est-ce pas à toi surtout que mon cœur... (*Elle prend les mains à toutes deux.*) Ou plutôt n'avez-vous pas toutes deux des droits éternels à ma reconnaissance et à mon affection? N'avez-vous pas toutes deux porté jusqu'à l'héroïsme l'abnégation du dévouement?

Mme DE LESTANGE.

Pour moi, ce n'est pas sans une secrète envie que j'admire Suzanne; mais je lui rends justice entière, et c'est du moins sans rancune que je m'avoue surpassée par elle. (*Souriant.*) Ce n'est pas ma faute, après tout, si sa part vaut encore mieux que la mienne.

HÉLÈNE.

Elles sont trop belles toutes deux pour que chacune de vous ait le droit de se plaindre. Moi seule je pourrais réclamer, car seule, parmi de si beaux traits, je ne puis rien offrir à l'admiration du public.

SUZANNE.

Mais le public est bon juge, mam'zelle; il saura apprécier des vertus que votre modestie vous fait méconnaître. Laissons-lui donc le soin de décider laquelle de nous trois a le mieux mérité sa sympathie et ses suffrages.

FIN.

Lyon. Imprimerie de GINARD et JOSSERAND, rue St-Dominique, 13.